LA CHARTE,
LA LISTE CIVILE
ET
LES MAJORATS,

AU SUJET D'UNE PROPOSITION

DE RÉCOMPENSE NATIONALE;

NOUVELLE ÉDITION,

REVUE, CORRIGÉE ET AUGMENTÉE

D'UN FRAGMENT

SUR LES INCONVÉNIENS DES MAJORATS POUR
L'ÉTAT ET POUR LES FAMILLES;

PAR LE COMTE LANJUINAIS,
PAIR DE FRANCE, ETC.

Résister pour soutenir.

PARIS.

A LA LIBRAIRIE CONSTITUTIONNELLE
DE BAUDOUIN FRÈRES, RUE DE VAUGIRARD, N. 36;
Et chez DELAUNAY, Libraire, au Palais-Royal.

JANVIER 1819.

LA CHARTE,

LA LISTE CIVILE

ET

LES MAJORATS.

I. L'ᴀᴜᴛᴇᴜʀ de ces pages ne prétend pas être *indé-pendant*, ni d'un parti d'opposition, et moins encore *monarchique*, au sens des *ultrà*.

Il trouve que le nom d'*indépendant*, appliqué aux amis de la Charte entière, sonne mal, et n'appartient pas à une langue bien faite. Il laisse à la Divinité son principal attribut, l'indépendance ; il soupire encore pour l'indépendance relative et politique de sa nation et de toutes les autres.

Il dépend de ses devoirs, c'est-à-dire de toutes les vraies lois qui lui sont applicables ; il dépend encore autant et plus que d'autres, de tous les êtres vivans ou inanimés, avec lesquels il soutient des rapports. Il croit que la modération est la vertu la plus désirable dans tous les hommes, il voudrait être *doux et humble de cœur,* comme notre modèle sublime.

Il ne peut être d'aucun parti d'opposition; car il sait que la morale et la loyauté française repoussent toute opposition générale et de système, telle qu'elle existe chez des voisins où elle peut être un remède à cette oligarchie dont se plaint avec tant de raison l'immense majorité. Depuis trente ans qu'il est en fonctions publiques, jamais il n'a figuré que dans des oppositions de conscience.

Si on pouvait le juger *monarchique* au sens des *ultrà,* puisqu'il y a des hommes qui prennent ce nom, on le ferait, malgré lui, ennemi de la Charte et de nos libertés, conséquemment l'ennemi du Monarque, de sa dynastie et de la paix publique.

Il s'avoue très-ministériel, depuis la nouvelle formation du ministère qui a dissipé des alarmes cruelles, qui fait briller sur l'horizon les espérances les plus chères et les plus légitimes.

Mais il est encore plus constitutionnel que ministériel; il sent que jamais il ne pourrait se résoudre à s'éloigner de la Charte. Il veut s'efforcer toujours d'en suivre strictement la lettre et l'esprit, non moins fort que la lettre; il les défendra de tous ses faibles moyens, sans rien accorder à l'affection, à l'égoïsme, ni à l'excuse fallacieuse des circonstances.

II. Il ne perd pas de vue, il n'abandonne pas un moment l'ordre naturel des idées qui est celui des plus grands besoins. Il voudrait donc, avant l'abolition de l'aubaine, avant les récompenses à décerner aux grands et aux riches, avant les dissertations sur le monopole du salpêtre, de la poudre et du tabac, avant tout ce qui n'est pas nécessité absolue, voir cesser les effets encore existans de nos déplorables mesures d'exception; voir soumettre enfin au juri les délits de la presse ; gagner dix millions pour le trésor, en congédiant le reste des troupes étrangères, et entretenant dix mille soldats français de plus ; il voudrait voir abolir le caractère de commission choisie, imprimé aux jurés par notre Code pénal; organiser dans les administrations électives locales, cet *élément démocratique* qu'on cherche où il n'est pas, et qui manque à notre gouvernement. Il voudrait avant tout la loi sur la responsabilité des ministres, promise par la Charte, appelée par tous les vœux, et obstinément éludée. Les choses en sont au point que toute autre proposition, si l'initiative en est indirecte, il serait d'avis de l'ajourner, pour ouvrir la discussion, dans les deux Chambres, sur des objets d'un intérêt plus urgent; et, si l'initiative est directe, autrement royale, il sent qu'on devrait l'ajourner aussi par un rejet de forme trop nécessaire, afin de n'occuper le public, les représentans et les ministres que de ces nobles projets, qui ne peuvent plus se différer sans perpétuer des maux extrêmes.

III. Avant de donner, il voudrait payer nos dettes les plus sacrées, les plus pressées ; avant de récompenser les ex-ministres qui peuvent attendre, s'il y a en quelques valeurs un ou deux millions disponibles, il voudrait les voir appliquer d'abord au soulagement, à l'indemnité des plus pauvres habitans des frontières si long-temps désolées par les troupes étrangères, à la décharge de tous les Français.

IV. Il sait que les plus excellens ministres peuvent, en se trompant, proposer une récompense publique assignée, modifiée de manière à faire de nouvelles blessures à notre loi fondamentale ; et c'est en conservant pour le présent ministère les égards que méritent ses louables intentions ; c'est en continuant d'espérer en leur justice et dans leur sagesse, qu'il va examiner, sous les rapports d'inconstitutionnalité, le projet ou le don de 50,000 francs de revenus en domaines de la liste civile, à choisir par le Roi, pour former à un ex-ministre un Majorat indéfiniment transmissible.

V. On ne prétend donc pas approfondir les autres questions que ce projet fait naître ; on se borne à indiquer les principales avec une partie de la liberté qu'autorise tout gouvernement représentatif; on les suppose toutes justement résolues en faveur du plan de Majorat. On suppose :

1°. Qu'il soit honorable et prudent de négliger l'opinion qui s'indigne à la seule pensée d'éterniser par une loi, par une fondation coûteuse, comme *service éminent*, comme *succès glorieux*, le fait si naturel, si cruellement et honteusement tardif de notre délivrance; de reconnaître qu'elle est encore trop peu achetée par une rançon d'un milliard d'écus et trois années de douleurs déchirantes; de prétendre faire accroire à la dernière postérité, qu'en un tel cas, le Roi de la belle France, et tout son valeureux peuple, étaient si dégradés, pesaient si peu dans la balance de l'Europe, qu'il fallait y joindre, pour faire cesser notre opprobre, *la considération personnelle*, *l'habileté de la franchise* et le *rare bonheur* de l'ex-premier ministre.

2°. Que la communication et le dépôt de toutes les pièces officielles aient démontré aux Chambres, sans aucun doute, des faits aussi improbables et aussi humilians.

3°. Que le *rare bonheur* du traité de 1818 dépasse en intensité *les malheurs* non moins *rares* du traité de 1815, qui ne trouvait pas de signataires, et les malheurs d'un long régime par mesures d'exception; enfin qu'on ignore ou qu'on puisse paraître ignorer les causes tant divulguées de la dissolution du dernier ministère.

4°. Que le bienfait et le bienfaiteur exigent, et dès à présent, une récompense, non-seulement honorifique, mais très-lucrative, quoique l'ex-ministre ait obtenu autrefois la remise de ses bois confisqués ; quoique ses traitemens, ses inscriptions et ses gages de pair, de ministre d'État, de premier gentilhomme du Roi, et de général étranger, paraissent lui laisser une existence convenable à un dignitaire marié, mais sans charge de femme ni d'enfans.

5°. Que le don projeté ne soit pas une vraie *charge publique*, une diminution du patrimoine de la France *obérée*, et qu'on puisse convenablement offrir à un chevalier français sensible et généreux, ce qu'il serait trop difficile de lui faire accepter.

6°. Qu'un si fâcheux exemple et si peu motivé ne doive pas devenir contagieux, naturellement s'étendre à tous les ministres démissionnaires, quelle qu'ait été leur administration, qui toujours importante fournirait toujours assez de prétexte.

7°. Qu'au mépris de toutes les anciennes lois et règles, il ne faille pour un pareil acte ni états de biens, ni procès-verbaux d'estimation, afin qu'on sache au moins ce qui est donné, et qu'un choix sans forme ne serve pas comme autrefois à couvrir des abus.

8°. Que le don doive être transmissible indéfiniment, conséquemment s'étendre avec la dignité aux collatéraux et aux adoptifs du donataire, de quelques régions du monde qu'ils arrivent ou qu'ils puissent arriver un jour.

9°. Supposant tout ce qu'on vient de dire, tout ce qu'il est nécessaire de supposer, prouvons maintenant que le projet est incompatible avec la Charte sous les deux rapports de la diminution de la liste civile et de l'admission des Majorats.

VI. *Le don serait composé des biens immeubles assignés à la liste civile, par la loi du 8 novembre 1814.* Ce sont les termes du projet.

Mais, la *liste civile est fixée pour toute la durée du règne*, art. 23 de la Charte.

Donc il serait nul et inconstitutionnel d'en retrancher la moindre parcelle.

Le Roi et la nation sont l'un et l'autre dans l'heureuse impuissance d'en rien distraire. Ces biens sont inaliénables hors le cas d'échange approuvé par la loi, et le monarque ne peut même anticiper les baux ; ils s'éteignent à son décès (Loi du 8 novembre 1814, art. 9 et suiv.). Cette loi ne fait que développer le sens de la Charte, et seule rendrait la proposition tout-à-fait insoutenable.

VII. Avant de montrer que la Charte est contraire aux Majorats et incompatible avec eux, il convient d'expliquer leur nature et leur origine, et les funestes priviléges dont ils se composent.

Majorat signifie aînesse; par extension, droit d'aînesse; et, par d'autres extensions, fidéicommis graduel, substitution fidéicommissaire graduellement transmissible d'aînés en aînés, à chaque plus prochain descendant du dernier décédé possesseur du Majorat à l'infini; et, par d'autres extensions encore, transmissible à l'infini de mâle en mâle, d'aîné en aîné, aux héritiers *collatéraux*; enfin, transmissible graduellement, à l'infini, aux aînés mâles *adoptifs* du premier possesseur du Majorat, ou de tout autre possesseur subséquent, toujours à l'infini.

Voilà le Majorat *transmissible indéfiniment*, dans le dernier état que l'avait fait Napoléon, conséquemment tel que serait le Majorat proposé.

VIII. Les principaux et immédiats priviléges qui en résultent par rapport aux aînés *majoratisés*, sont: 1°. le privilége d'un ordre particulier de succession inégale dans les familles, au profit de l'aîné, au préjudice de tous les autres héritiers; 2°. le privilége d'inaliénabilité des biens à l'infini; 3°. le privilége légal et immoral de se jouer toute sa vie de ses créanciers, et de les duper en laissant à son aîné une fortune qu'il oserait posséder sans rougir; 4°. c'est un privilége, onéreux à tous les citoyens; car on possède les biens d'un Majorat, en exemption de tous droits de mutation volontaire et de tous droits d'hypothèques; 5°. c'est le privilége d'avoir pour conservateurs gratuits des biens possédés en Majorat, le ministre de la justice, le Conseil d'État, le conseil du sceau des titres, les procureurs généraux, les procureurs du Roi, et les employés de l'administration des domaines; 6°. d'avoir ces deux conseils pour tribunaux extraordinaires, quant à ces mêmes biens.

IX. Le droit romain avait permis des substitutions graduelles sans limiter les degrés. Justinien donna l'exemple pour les limiter à quatre. Les pays français de *droit écrit* adoptèrent les substitutions graduelles; mais au seizième siècle, à la demande des états-généraux, l'ordonnance d'Orléans de 1560, article 59, limita les substitutions à deux degrés par des motifs d'intérêt public; et l'ordonnance de Moulins, de 1566, ne permit l'exécution jusqu'au quatrième degré que pour les Majorats antérieurs à 1560. L'ordonnance de 1747 avait confirmé la limitation au deuxième degré. Voilà pour nos pays de droit écrit jusqu'en 1792. Les pays coutumiers rejetaient les substitutions. Les Majorats ne sont que le nom nouveau tiré d'Espagne et d'Italie, où ils ont fait le malheur public, et celui des aînés et des cadets, nom artificieusement choisi par Napoléon, afin de distraire l'opinion publique soulevée, depuis trente ans,

contre ces odieux priviléges, par les ouvrages phi-
losophiques et politiques, suivis de l'abolition totale
des substitutions, passée en loi en 1792.

Entre les pays coutumiers, on avait distingué la
Bretagne, où le gouvernement était constitutionnel représentatif, et où les substitutions étaient
généralement défendues, mais autorisées par deux
seules exceptions législatives, consenties par les
trois États en faveur des Rohan et des Rieux, des-
cendans des princes de Bretagne.

X. Sans exception pour ce pays, qui avait voulu
gagner de meilleures lois en s'unissant au droit
commun de toute la France, Napoléon, après
avoir créé en Italie les grands fiefs de son empire,
par actes insérés dans le Bulletin des lois de France,
du 30 mars 1806, s'occupa de créer subtilement,
pour toute la France, la noblesse nouvelle et les
substitutions : il cachait les unes et les autres sous
les noms *de titres et biens transmissibles en ligne
directe de mâle en mâle, par ordre de primogéniture.*

Ce fut d'abord, selon son expression familière,
par un *petit bout de loi*, puis par l'article 5, presque inapercevable, et long-temps inaperçu, du
sénatus-consulte du 14 août 1806, enlevé, suivant l'usage, sans discussion, sur l'exposé de
l'orateur et du rapporteur du prince, que ces deux
grandes innovations politiques, la *noblesse hérédi-
taire* et les *Majorats*, en ligne masculine directe

seulement, commencèrent à propos de la principauté de Guastalla, et notamment par ces mots : *la principauté de Guastalla...*, pour mieux détourner l'attention publique. Tout le reste, indiqué ci-devant, se développa fort vîte, à compter du 1ᵉʳ mars 1808, par des règlemens ou décrets impériaux, qu'il faisait exécuter comme on fait aujourd'hui exécuter les ordonnances, plus exactement que la Constitution ou les lois secondaires, et où l'on ne manquait pas de protester adroitement contre les priviléges. Cependant, le sénatus-consulte de Guastalla fut inséré, mais prudemment en *chiffres* et en mots fort laconiques, dans une loi de publication du Code civil, comme une exception à l'article 896. Cette loi est du 3 septembre 1817.

Voilà comment Napoléon savait faire les constitutions de l'empire, et, par huit lignes cachées, ignorées et vagues, introduire peu à peu les subversions les plus funestes, rétablir le despotisme, les priviléges, tous les abus anciens, et les rendre bien autrement forts et vexatoires que tout ce qu'on avait aboli de 1789 à 1799 ; *novissima pejora prioribus.* Tels seraient les Majorats, s'ils n'étaient pas contraires à la Charte et incompatibles avec elle, dans ses articles 1, 2, 62, 68, 69 et 71.

XI. Quoi de plus réprobateur de cet amas de priviléges odieux qui constituent les Majorats, que ces beaux textes si chers à tous les cœurs français

Art. 1er. *Les Français sont égaux devant la loi, quels que soient d'ailleurs leurs titres et leurs rangs.*

Des *titres* et des *rangs*, des *titres* de fonctions réelles ou de noblesse verbale, et des *rangs*, c'est-à-dire, des préséances réglées d'abord sur les fonctions, et puis sur la noblesse titulaire, voilà notre seule aristocratie nobiliaire légale; tous les autres genres d'inégalité ont leur origine et leur fondement, non dans la loi *vivante*, mais dans la nature; et ils se concilient avec l'égalité devant la loi.

XII. Il n'y a point de Majorats énoncés, ni supposés dans cet article ou dans les autres; les Majorats en sont exclus; ils ne seraient ni un titre de *fonction*, ni un titre appellatif, comme la noblesse verbale de France; ni une *préséance*, ni un *honneur*; tout l'honneur est dans le titre appellatif. Les Majorats ou les substitutions graduelles de biens et de revenus annexées aux titres de noblesse, emporteraient, comme on l'a vu, *des priviléges, des exemptions de plusieurs charges et devoirs sociaux.* Or, la Charte déclare, art. 71 : *Le Roi fait des nobles à volonté, sans aucune exemption des charges et des devoirs de la société.* Un *majoratisé*, suivant les plans despotiques de Napoléon, serait un noble, sans doute; mais un noble, quel que soit son *titre*, n'est pas un *majoratisé;* au contraire, ce ne peut plus en être un, puisque ce serait par rapport à son Majorat un *exempt des lois, des charges, des devoirs communs de la société.* Non-seulement la Charte n'autorise point à créer des Majorats, mais elle en interdit la création, puisqu'elle interdit à Sa Majesté le droit *d'exempter des charges et des devoirs sociaux*, de créer ces priviléges calamiteux qui seuls formaient la nature et l'essence des Majorats.

XIII. La Charte ordonne, art. 2 : *Que les Français contribueront indistinctement dans la proportion de leur fortune aux charges de l'État.* Or, cette contribution *indistincte* serait anéantie pour le *majoratisé*, par rapport aux biens de son Majorat. Non-seulement il aurait la honteuse exemption de payer ses dettes sur ces mêmes biens; l'exemption d'y appartager ses cadets, selon les lois , l'exemption, s'il le voulait, de sollicitude pour les réparer et administrer, se reposant sur la vigilance des employés soudoyés à son profit par la nation; mais ces biens étant hors du commerce, inaliénables, insusceptibles d'hypothèque, seraient par-là même exempts de tous les droits des mutations volontaires et de toutes les perceptions hypothécaires ; et le *majoratisé* serait, pour les biens de son Majorat, distrait de ses *juges naturels*, en violation directe de l'art. 62 de la Charte. Les Majorats seraient donc anti-constitutionnels, comme ils seraient anti-sociaux (1).

XIV. La même conclusion sort de l'art. 68 de la Charte : *Le Code civil et les lois qui ne sont pas contraires à la présente restent en vigueur jusqu'à ce qu'il y soit légalement dérogé.*

Le *Code civil* est joint ici aux *lois non contraires à la Charte* pour former le sujet complexe et modifié de la proposition, complétée par l'attribut *restant en vigueur.* Les mots *Code civil* signifient et ne peuvent signifier que les *dispositions de loi insérées dans ce Code.* C'est donc le *contenant* pour signifier *le contenu ;* le singulier absolu pour le pluriel général (2) ; le sens général et relatif à la *non contrariété,* au lieu du sens absolu ; le sens distributif au lieu du sens collectif. L'article 68 développé signifie donc : « Les disposi- » tions de loi insérées au Code et les autres dispo-

---

(1) Voyez les Inconvéniens du droit d'aînesse, comme entraînant une foule de maux politiques moraux et physiques, par Lanthenas ; 1 vol. in-8°. Paris, 1795. Ce même sujet est esquissé, par rapport aux Majorats, dans le tome XVI de l'Histoire des Républiques italiennes, par M. de Sismondi ; et cet auteur célèbre promet d'y revenir dans les volumes suivans.

(2) C'est le trope, ou la figure de grammaire appelée *synecdoque dans le nombre.* Voyez le Traité des Tropes.

» sitions de loi, qui ne sont pas contraires à la
» Charte, restent en vigueur, etc. » Tel est le sens
littéral et le sens spirituel, celui que les mots ex-
citent naturellement dans notre esprit, quand nous
ne sommes point prévenus, et que nous sommes
dans l'état tranquille de la raison.

Séparer dans cet article les lois du Code civil des
autres lois, pour tâcher de maintenir toutes les pre-
mières, jusqu'à une abrogation possiblement future,
et de conserver dans le Code civil tout ce qui serait
le plus contraire à la Charte, ce serait séparer ce
que l'article a joint, pour rejeter le sens naturel
et le seul raisonnable; pour s'attacher à une poin-
tillerie, pour abandonner la vérité, pour trahir l'intérêt public, pour détruire la première base de nos
libertés; enfin, pour commettre envers le législateur
la double injure sanglante et gratuite de le soutenir
en contradiction manifeste avec lui-même, et de
lui imputer un artifice inexcusable, une superche-
rie honteuse, dans l'acte le plus solennel, où il a
été le seul maître de la rédaction.

Disons donc que les dispositions du Code civil,
comme celles des autres lois qui sont contraires à
la Charte, inconciliables avec elles, par conséquent
l'addition touchant les Majorats en ligne directe
qui se trouve dans l'art. 896 du Code, furent abrogées par la Charte. Disons-le, ou croyons, ce qui
serait absurde et révoltant, que les clauses énon-
ciatives de l'*empereur* et de l'*empire* qui résonnaient

si souvent dans ce Code, doivent y être restituées comme encore valables, et que d'autres clauses expressément ou tacitement abrogées avant le 4 juin 1814, ont recommencé d'être obligatoires par l'article 68, comme étant écrites matériellement dans les textes du Code.

XV. L'art. 69 de la Charte vient renforcer tout ce que nous avons dit contre la légalité actuelle des Majorats, d'après les art. 1, 2, 6, 8, 62 et 71.

Cet art. 69 est relatif aux militaires auxquels Napoléon avait dû prodiguer les Majorats. Il est calqué sur un article corrélatif dans le projet de constitution du Sénat, et qui fut ajouté après une longue discussion dans l'assemblée des sénateurs. On y conserve aux militaires *leurs grades*, *leurs honneurs*, *leurs pensions*, mais non leurs Majorats, parce qu'ils étaient depuis cinquante ans, en Europe, jugés incompatibles avec l'égalité et la liberté, la moralité, la prospérité nationale.

XVI. Il est vrai que', dans les douze volumes d'ordonnances publiées depuis juin 1814, il en est un grand nombre qui organisent les Majorats ; il en existe une, signée de l'ex-premier ministre, qui invite les pairs à la pratique des Majorats, et même une en contradiction ouverte et littérale avec l'article 3 de la Charte, et avec l'esprit de l'article 27, qui exclut de la libre nomination royale à la pairie tous ceux qui n'ont point de Majorats. Enfin des diplômes de Majorats ont été expédiés en assez grand nombre.

Mais tous ces exemples ne sont rien devant la Charte. La responsabilité des ministres n'est point organisée ; et, depuis quatre ans, ils se sont abandonnés aux plus fâcheuses déviations (1), quelquefois malgré eux et en se contredisant eux-mêmes à deux jours d'intervalle ; il faut se décider par la loi et non par les exemples : c'est un oracle de la sagesse des siècles ; *legibus, non exemplis judicandum est.... Facta petantur è temporibus bonis et moderatis, non dissolutis, quorum exempla magis nocent, quàm docent.* BACON.

La prescription n'a pas lieu contre le droit public ; l'abus crie sans cesse et empêche de prescrire. Qu'est-ce donc, contre la Charte et ses principes, que des exemples abusifs de trois ou quatre années mauvaises ? Faute de loi, ceux qui ont délinqué sont à l'abri des recherches. C'est là tout ce qu'on peut conclure de tant de fautes. Gardons-nous de faire à la Charte des blessures nouvelles ; empressons-nous plutôt de cicatriser

---

(1) L'ex-premier ministre s'exprimait honorablement et constitutionnellement, en janvier 1818, sur une grande partie des proscriptions législatives ; et, le lundi suivant, il en demandait l'accomplissement à la Chambre des pairs.

les plaies invétérées qui la couvrent, et accélérons ses développemens. C'est-là notre premier besoin, la loi de nos sermens, le cri de l'honneur et de la patrie.

FRAGMENT

SUR

LES INCONVÉNIENS DES MAJORATS

POUR L'ÉTAT ET POUR LES FAMILLES.

Dans cette brochure, où l'auteur attaque les Majorats comme inconstitutionnels et incompatibles avec la Charte, il a semé des germes de vérités utiles concernant l'économie publique et la morale. Dans ce morceau, il va essayer de leur donner quelques développemens. Il les adresse à la raison et à la conscience des pères qui sont nobles et de ceux qui le veulent devenir! Cette fois encore, il emprunte à la sagesse qui brille dans l'*Histoire des Républiques d'Italie*, par M. de Sismondi, t. xvi (Paris, 1818), une partie de ses observations.

Deux causes ont produit les Majorats, d'abord l'abus des testamens déjà si abusifs, ensuite l'abus des substitutions graduelles portées à l'infini, faute, aux législateurs qui ont précédé le seizième siècle, d'avoir prohibé ce funeste désordre né dans les ténèbres du moyen âge.

L'instinct du despotisme toléra, autorisa, encouragea, commanda bientôt ces dérèglemens, et il y ajouta l'abus rajeuni par Napoléon, celui des Majorats du propre mouvement du prince, ou octroyés par le prince, à la demande des propriétaires aveugles de vanité.

De tous ces Majorats, il ne pouvait résulter que de fatales conséquences : on les voit, sans nombre, pulluler dans l'Italie et dans l'Espagne, malheureuses patries des Majorats!

Tout les accuse, car tout a lieu d'en gémir; l'État ou la nation, les puînés du *majoratisé*, et jusqu'aux aînés jouissant de la misérable terre privilégiée.

Qu'il est à plaindre l'État où les Majorats organisent avec tant de force une minorité aristocratique et oiseuse, chagrinant, tourmentant, compromettant, perdant les rois, affligeant, écrasant les peuples; où les grands possesseurs sont exempts à perpétuité des graves impôts levés sur les mutations volontaires, et surchargent, par ces immunités, tout le reste des citoyens; où des lois perverses invitent les *majoratisés* à contracter des dettes et leur assurent les moyens de se jouer de leurs créanciers; où elles changent les détenteurs en usufruitiers, et par-là même leur donnent le besoin de dégrader l'héritage et les facilités pour y parvenir; où la presque totalité des habitans est déchue de la douce espérance de posséder des immeubles; où elle perd, dès-lors, le plus vif intérêt de la vie sociale; où ceux qui se trouvent ainsi condamnés au sort des ilotes s'en vengent par l'oisiveté, le vice et le crime!

La propriété immobilière, sujette à mutation d'une famille à l'autre, a son fondement dans la nature et ses garanties dans les lois de tous les États; mais rendue immuable dans une caste, dans les aînés d'une caste, elle n'est plus qu'une grande iniquité, une perpétuelle calamité publique et illégale, enfin le plus vif aiguillon le plus spécieux prétexte aux révoltes et aux lois agraires. Le despotisme, et quelquefois une sorte de nécessité, substituant la vanité à l'orgueil national, font reconnaître par la loi des nobles titulaires et sans fonctions; le despotisme encore, et l'usurpation et le sommeil des bonnes lois, introduisent de fait et de droit, pour ces nobles, toutes sortes de priviléges honorifiques et utiles, au grand détriment du prince et de la nation; et enfin le despotisme encore ajoute à ces priviléges les substitutions graduelles à l'infini ou les Majorats; et alors les *majoratisés* ne sont plus occupés que de titres, de rubans, d'intrigues de cour, et de mendicité ambitieuse pour eux et pour leurs frères, leurs sœurs et leurs cousins. Tous se condamnent par une folle imprudence, par une ridicule hauteur ou par une impuissance réelle à une constante fainéantise, à tous les vices, à tous les excès qu'elle entraîne; il faut un dédommagement aux cadets, privés comme la plupart des citoyens de toute espérance de patrimoine territorial; ils se refusent par préjugé d'honneur à tout travail honnête, à toute industrie; alors naissent la galanterie chevaleresque et les débats des cours d'amour; les femmes nobles affichent l'indécence de mœurs; chacune a son *cavaliere*, son *cortejo* en Espagne, et son sigisbé en Italie. Il en est résulté des devoirs et des droits non moins bisarres qu'immoraux, fondés sur les deux règles du beau monde : aucune femme ne peut paraître seule, et aucun mari ne peut sans un extrême ridicule accompagner sa femme; les bonnes mœurs périssent, et le point d'honneur les remplace : viennent ensuite les spadassins, les joueurs, les suicides, etc., et toute cette troupe corrompue se multiplie. Les non nobles imitent autant qu'ils peuvent les habitudes scandaleuses des hautes classes ; le corps social dépérit, languit ou meurt ; et ne peut naître qu'en traversant les malheurs effroyables des révolutions.

Les cadets sont sacrifiés à l'aîné ; les filles restent sans dot et sans époux, et les puinés, faute d'un capital, végètent dégradés, sans instruction, sans industrie, dans la dépendance et l'oisiveté, se consolant par l'ivresse et les orgies licencieuses.

L'aîné est le seul maître, et il est haï comme tel ; on ne se borne pas toujours à le haïr. Le possesseur du Majorat est le premier puni des injustices dont il devient l'instrument : propriétaire exclusif, il est regardé comme l'administrateur des biens communs ; il ne donne pas assez à l'un, il donne trop à l'autre. Frères, sœurs, femmes, enfans ont formé contre lui une ligue secrète, pour s'approprier chacun ce qu'il pourra, et améliorer sa situation, sans s'inquiéter de la gêne où se trouve leur chef. Accablé de chagrins domestiques, il finit par s'abandonner aux plaisirs des sens, et dans leur ivresse il se prépare de nouvelles douleurs et de nouveaux remords.

Ainsi, les nobles et les *majoratisés* surtout dégénèrent sans cesse, sous tous les rapports moraux et physiques, et ils tombent fort au-dessous des citadins et des laboureurs qu'ils ont la folie de mépriser.

IMPRIMERIE DE BAUDOUIN FILS,
RUE DE VAUGIRARD, N° 36, PRÈS LA CHAMBRE DES PAIRS.

www.ingramcontent.com/pod-product-compliance
Ingram Content Group UK Ltd.
Pitfield, Milton Keynes, MK11 3LW, UK
UKHW020146080726
13614UKWH00005B/2428